UNE DESCENDANCE NORMANDE
DE
PIERRE D'ARC
CHEVALIER DU LYS

FRÈRE DE LA PUCELLE D'ORLÉANS

PAR

Pierre CAREL

Avocat à la Cour d'appel de Lyon.

LYON
IMPRIMERIE Emmanuel VITTE
30, RUE CONDÉ, 30

1891

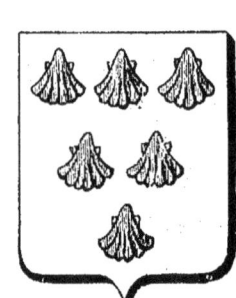

UNE DESCENDANCE NORMANDE
DE
PIERRE D'ARC
CHEVALIER DU LYS

FRÈRE DE LA PUCELLE D'ORLÉANS

DU MÊME AUTEUR

chez Massif, libraire à Caen

1° *Étude sur l'Abbaye de Fontenay près Caen* (édition de luxe sur papier Japon, avec gravures et filets rouges perdus.)

2° *Histoire de la ville de Caen, depuis Philippe-Auguste jusqu'à Charles IX*, suivie de la liste des baillis, lieutenants-généraux et particuliers du bailli, vicomtes, élus, etc.

3° *Histoire de la ville de Caen sous Charles IX, Henri III et Henri IV*.

4° *Une émeute à Caen sous Louis XIII* (Épisode de la révolte des Nu-Pieds en Basse-Normandie).

5° *Étude sur la Commune de Caen et analyse de l'Ancien Matrologe de la ville et du Registre du Cérémonial*.

6° *Les Médecins de Caen avant la Révolution*.

7° *Étude historique sur le Barreau de Caen*, suivie de la liste des Avocats.

Lyon. — Impr. Emm. Vitte, rue Condé, 30.

UNE DESCENDANCE NORMANDE

DE

PIERRE D'ARC

CHEVALIER DU LYS

FRÈRE DE LA PUCELLE D'ORLÉANS

PAR

Pierre CAREL

Avocat à la Cour d'appel de Lyon.

LYON

IMPRIMERIE EMMANUEL VITTE

30, RUE CONDÉ, 30

1891

AVANT-PROPOS

La généalogie que nous publions résulte principalement des sources suivantes :

1° Recherches de la noblesse en Basse-Normandie par les Commissaires royaux Roissy (1598-1599), d'Aligre (1634-1635) et Chamillart en 1666, recherches qui indiquent plusieurs degrés de filiation.

2° Traité de la noblesse de Gilles-André de la Roque (grand in-8, Paris, 1678), p. 188, 195, 196, 229.

3° Preuves généalogiques extraites soit des manuscrits publics, soit des cartulaires de MM. de Maleyssie et du Haldat, et reproduites par MM. de Bouteiller et de Braux à la suite de leur ouvrage sur la famille de Jeanne d'Arc (Paris, petit in-8, 1878, Claudin, éditeur).

4° Généalogie des du Chemin, donnée par d'Hozier dans son Armorial de France.

5° Notes généalogiques de feu M. le Comte de Bérenger. Collection Mancel, Caen.

6° Actes de baptêmes, mariages et sépultures déposés dans les mairies de Caen, Verson, Brouay, Condé, etc.

7° Brochure de M. du Feugray, généalogie Picquot, Caen, 1852.

8° Manuscrit de la bibliothèque de Caen, intitulé Familles Normandes *(f° 29).*

9° Recherches nobiliaires en Normandie par un gentilhomme normand, p. 442-448 (Caen, Le Blanc Hardel, 1866-1876).

10° Histoire généalogique de la maison de Tournebu, par Ch. Fierville.

P. C.

I

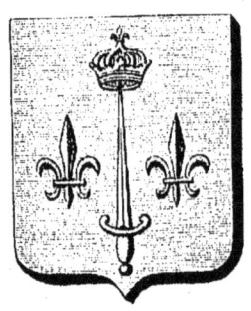

D'ARC

D'azur à une épée d'argent garnie d'or, en pal, couronnée à la royale de même et accostée de deux fleurs de lis, le tout d'or.

JACQUES d'ARC, né à Ceffonds en 1380 (mort en 1431), épousa ISABELLE ROMÉE de VOUTHON, née en 1387 (morte en 1458).

De ce mariage naquirent 5 enfants :

1° JACQUES ou JACQUEMIN d'ARC.

2° CATHERINE d'ARC, qui épousa Colin, maire de Greux.

3° JEAN d'ARC, capitaine de Chartres, prévôt de Vaucouleurs.

4° JEANNE d'ARC, la Pucelle d'Orléans, née à Domrémy le 6 janvier 1412, brûlée par les Anglais le 30 mai 1431.

5° PIERRE d'ARC, chevalier du Lys, qui suit.

Le 6 janvier 1429, une charte de Charles VII, roi de France, anoblit *Jeanne d'Arc, son père, sa mère, Jacquemin, Jean et Pierre ses frères, avec toute leur parenté légitime et leur postérité, tant masculine que* FÉMININE.

Faveur inouïe, tout exceptionnelle, que justifiaient les services immenses que l'héroïne d'Orléans avait rendus à la patrie !

Voici cette charte, dont malheureusement l'original a disparu (1) :

« *Præfatam Puellam, Jacobum Day patrem, Isabellam, ejus*
« *uxorem, matrem, Jacqueminum, Johannem Day et Petrum*
« *Poerrolo, fratres ipsius Puellæ, et totam ejus parentelam et ligna-*
« *gium, et, in favorem et in contemplationem ejusdem, eorum*
« parentelam masculinam et feminam in legitimo matrimonio
« natam et nascituram nobilitavimus.....

« *Concedentes expressè ut dicta Puella, dicti Jacobus, Isabella,*
« *Jacqueminus, Johannes et Petrus, et ipsius Puellæ tota parentela*
« *et lignagium, et ipsorum posteritas nata et nascitura in judicio et*
« *extra ab omnibus pro nobilibus habeantur et reputentur.....*

« *Concedentes* eisdem et eorum posteritati tam masculinæ quam
« feminæ *in legitimo matrimonio procreatæ et procreandæ ut ipsi*
« *feoda et res nobiles tenere et possidere valeant.* »

---

(1) V. Biblioth. de l'Ecole des chartes, tom. V, 3ᵉ série, p. 271, 279. Art. de M. Vallet de Viriville.

II

PIERRE d'ARC, chevalier du Lys, seigneur de l'Isle-aux-Bœufs, épousa en premières noces Jeanne Baudot, d'où Jean du Lys, seigneur de Baigneaux, marié à Macée de Vésines, et mort en 1501 ; et en secondes noces Jeanne de Prouville.

Pierre d'Arc, chevalier du Lys, le plus jeune frère de Jeanne d'Arc, accompagna constamment sa sœur dans sa poursuite contre l'Anglais. Lorsque Jeanne partit de Vaucouleurs le dimanche 13 février 1429, pour aller trouver le roi, Pierre était à ses côtés avec les deux chevaliers Jean de Metz et Bertrand de Poulengy, un messager du roi, un écuyer et deux valets. Ce fut lui qui lui choisit son confesseur, le frère Jean Pasquerel, maître lecteur au couvent des ermites augustins à Tours.

Après la prise d'Orléans, nous voyons Pierre d'Arc descendre avec sa sœur dans la maison d'un des bourgeois les plus considérés de la ville. Jean de Metz, Bertrand de Poulengy et le chevalier d'Aulon, écuyer de la Pucelle, y furent également logés. Jeanne d'Arc passa la nuit dans la chambre et à côté de la fille de son hôtesse.

Au sacre du roi à Reims, Pierre d'Arc se tenait près d'elle à l'ombre de son étendard. Jeanne eut la consolation d'y voir aussi son oncle Durand Laxart, et son vieux père Jacques d'Arc, qui furent hébergés aux frais de la ville.

Pierre d'Arc et Jeanne de Prouville eurent 4 enfants :

1° JEAN DU LIS qui devint échevin d'Arras et épousa Anne de Villebresme.

2° HELWIDE DU LIS qui épousa Etienne Hordal.

3° JEHANNE (alias CATHERINE l'aînée) DU LIS, qui épousa FRANÇOIS DE VILLEBRESME qui suit.

4° CATHERINE DU LIS (la jeune), qui épousa GEORGES HALDAT.

Pierre d'Arc mourut en 1467.

Charles d'Orléans, en récompense de son courage et de ses services, lui avait fait don, le 26 juillet 1443, d'un terrain appelé l'*Isle aux Bœufs*, situé dans la Loire et contenant 400 arpents.

III

DE VILLEBRESME
D'or au dragon de gueules.

CATHERINE DU LYS épousa FRANÇOIS DE VILLEBRESME, receveur des décimes d'Orléans, originaire de Blois, fils de Jean de Villebresme; d'où MARIE DE VILLEBRESME, qui suit (1).

(1) DE LA ROQUE. *Traité de la noblesse.*

IV

LE FOURNIER
D'argent au sautoir d'azur, garni de 4 roses de gueules.

MARIE DE VILLEBRESME épousa en 1500 JACQUES LE FOURNIER, écuyer, seigneur de Villemblay, baron de Tournebu, grenetier au grenier à sel de Chateaudun, puis receveur des Tailles en l'Election de Caen.

D'où 8 enfants.

1º NICOLAS LE FOURNIER, seigneur de Garambouille, baron de Tournebu, premier conseiller au parlement de Rouen, qui épousa ISABEAU DE BOULLENC, fille de Simon de Boullenc, conseiller au parlement de Rouen, lequel était fils de Richard de Boullenc, capitaine des villes et châteaux d'Evreux et de Beaumont-le-Roger, et petit-fils de Milord de Boullenc d'Angleterre.

2º ROBERT LE FOURNIER, baron de Tournebu après son frère, receveur des Tailles en l'Election de Caen, qui épousa Marie de Mélissent et mourut en 1557. En 1532, lorsque François Ier fit son entrée à Caen, il était l'un des six gouverneurs de la ville.

3° CHARLES LE FOURNIER, seigneur de Boisthenon et de Bois-Heurcoq, lieutenant général en la vicomté de Caen, lequel eut pour fils Jacques le Fournier, tué à l'armée du roy en Gascogne, en 1586, et qui avait épousé Anne le Valois.

4° FRANÇOISE LE FOURNIER, qui épousa Morin d'Escajeul.

5° JEANNE LE FOURNIER, qui suit. Elle épousa en premières noces, le 16 juillet 1517, LUCAS DU CHEMIN, Sr du Féron, du Mesnil-Guillaume, de Cesny-en-Cinglais, conseiller au Présidial de Caen.

C'est de cette union que descendent les familles Gaultier d'Arc, Renaudeau d'Arc, Lanéry d'Arc, Bouchet-Rivière, de Billeheust d'Argenton, du Buisson de Courson.

Jeanne le Fournier épousa en secondes noces GILLES GODART, et en troisièmes noces, le 22 janvier 1523, ETIENNE PATRIX.

6° CHARLOTTE LE FOURNIER, qui épousa Artus Radel, élu à Vire.

7° MARIE LE FOURNIER, qui épousa Jean de Marguerie, Sr de Sorteval, député en 1576 aux Etats généraux de Blois, fils de Christophe de Marguerie, écuyer, et de Isabeau de Malherbe.

Le docteur de Cahaigne dans ses *Eloges des principaux citoyens de Caen* parle ainsi de Jean de Marguerie :

« A l'exemple de ses aïeux, dit-il, Jean de Marguerie voua les
« premières années de sa jeunesse à la carrière militaire. Il fit
« ses premières armes sous Claude d'Annebaut. De retour chez
« ses concitoyens, s'étant marié dans la famille le Fournier, qui
« était considérable à Caen par ses richesses et son influence, il
« renonça à la carrière des armes pour se donner à une profes-
« sion paisible. Pendant plus de 40 ans, il remplit la charge de
« contrôleur des aides. Parmi les qualités qui le distinguaient, il
« se faisait remarquer par une fidélité constante dans ses affections.
« Jamais il ne fit servir l'amitié à son propre avantage, mais seule-
« ment au profit de ceux auxquels il portait intérêt. Souvent, dans
« nos entretiens familiers, il m'arrivait, pour cette raison, de le com-
« parer, en plaisantant, à Hercule, qui ne fit rien pour lui-même et
« n'exécuta ses travaux que pour l'utilité des autres. Très uni dans

« son ménage, il vécut en bonne harmonie avec sa femme pen-
« dant près de cinquante ans.

« Comme autrefois il s'était distingué dans la carrière des armes,
« et qu'il en connaissait à fond le métier, la ville, au moment si
« critique de la dernière guerre, le nomma d'un commun accord
« capitaine en chef de la milice urbaine et il eut sous ses ordres
« les citoyens qui avaient été désignés comme capitaines dans les
« différents quartiers de la ville. Mais, dit-on avec raison, « l'im-
« portance des garanties ruine une maison quelque riche qu'elle
« soit » ; comme il était toujours prêt à rendre service et qu'il était
« un ami dévoué, il engagea ses biens pour un grand nombre de
« personnes qui lui appartenaient par les liens du sang, et fut
« ruiné. »

8° BARBE LE FOURNIER, morte sans alliance.

V

PATRIX
De gueules au griffon d'or.

JEANNE LE FOURNIER épousa ETIENNE PATRIX, docteur ès lois, professeur de droit en l'université de Caen, puis conseiller et garde des sceaux au parlement de Rouen.

Il mourut en 1548.

« Il fut anobli à cause de sa femme Jeanne le Fournier, fille de
« Jacques le Fournier et de Marie de Villebresme, fille de François
« de Villebresme et de Catherine Day (ou d'Arc) fille de Pierre Day
« ou du Lis, frère de la Pucelle » (DE LA ROQUE, *Traité de la noblesse*).

Le docteur de Cahaignes en parle en ces termes (éloge 89).

« Si beaucoup d'hommes sont restés sans gloire, beaucoup aussi
« se sont distingués loin du sol natal. Etienne Patrix, provençal
« de naissance, recommandable par ses nombreuses connaissances,
« se chargea de la fonction difficile d'enseigner le droit civil dans
« l'université de Caen. Lorsqu'il se fut fait une réputation comme
« professeur, il fut revêtu de la charge de conseiller au parlement

« de Rouen ; Claude, son fils, héritier de l'érudition paternelle, se
« fixa à Caen et y exerça la charge de conseiller au présidial.
« Dans l'espoir d'entrer un jour dans la magistrature, Pierre, fils
« de Claude, à l'exemple de son père et de son aïeul, emploie utile-
« ment les loisirs de sa jeunesse. On doit des éloges aux jeunes
« gens lorsque, dignes émules de leur père, ils évitent les plaisirs
« qui causent la mort en flattant les sens, et lorsqu'ils ne reculent
« devant aucun travail intellectuel, pour se distinguer un jour dans
« l'accomplissement de leurs devoirs envers la société. »

De ce mariage naquirent :

1º BARBE PATRIX, religieuse au monastère de Saint-Aubin-lès-Gournay,

2º CLAUDE PATRIX, conseiller au présidial de Caen. Il épousa MARGUERITE DE BOURGUEVILLE, fille de Charles de Bourgueville, Sr de Bras, lieutenant général au baillage de Caen, et historien de cette ville ; où : PIERRE PATRIX

Pierre Patrix naquit à Caen en 1585. Il se livra d'abord à l'étude du droit d'où le détourna bientôt son goût pour la poésie. A quarante ans, il entra chez Gaston d'Orléans en qualité de premier maréchal des logis ; et après la mort de ce prince, il resta attaché à sa veuve, Marguerite de Valois. C'était un homme aimable, un bel esprit, un ami de Voiture, de Chaudebonne, de Blot.

Scarron, l'ayant rencontré aux eaux de Bourbonne, en parle ainsi :

. . . . Et Patrix
Quoique normand, homme de prix.

Il conserva son caractère enjoué jusqu'à la fin de sa vie.

Il répondit un jour à ses amis qui le félicitaient d'être revenu d'une grave maladie à 80 ans et qui lui conseillaient de se lever : « Hélas ! Messieurs, ce n'est pas la peine de me r'habiller. »

Ses fidèles services lui avaient valu le gouvernement de Limours.

Il mourut à Paris le 6 octobre 1671, et fut inhumé dans l'église des religieuses du Calvaire.

On a de lui : 1º Un recueil de vers intitulé *la Miséricorde de Dieu sur un pécheur pénitent*.

2º *La Plainte des consonnes qui n'ont pas l'honneur d'entrer dans le nom de Neuf-Germain*.

Cette poésie se trouve dans les œuvres de Voiture, parce que celui-ci y répondit.

3° *Des poésies diverses.*

Selon Huet, le caractère des vers de Patrix est original et *presque inimitable.* (*Origine de Caen*, p. 384.)

Sans doute les poésies auxquelles s'adressent ces éloges sont celles que Patrix écrivit pendant sa jeunesse et qu'il détruisit plus tard, car celles qui nous ont été conservées sont généralement très faibles. Voici cependant quelques pièces de notre poète :

>Je songeais cette nuit que de mal consumé
>Coste à coste d'un pauvre on m'avait inhumé,
>Et que n'en pouvant pas souffrir le voisinage,
>En mort de qualité, je lui tins ce langage.
>« Retire-toi, coquin, va pourrir loin d'icy ;
>Il ne t'appartient pas de m'approcher ainsi. »
>— « Coquin, ce me dit-il, d'une arrogance extrême,
>Va chercher tes coquins ailleurs, coquin toy même ;
>Ici tous sont égaux, je ne te dois plus rien.
>Je suis sur mon fumier comme toi sur le tien. »

EPITAPHE DE PIERRE PATRIX

>Passant, arrête un peu ; sous ces vers que tu lis
>Gisent de leur auteur les os ensevelis.
>Au bord de cette tombe et tout près d'y descendre
>Lui-même fit ces vers pour en couvrir sa cendre,
>Devoir triste et funèbre à ses mânes rendu,
>Qu'il n'a, comme tu vois, de nul autre attendu.
>N'attends pas néanmoins, passant, qu'il te convie
>D'apprendre ses vertus, ni son nom, ni sa vie,
>Ce qu'il fut dans le monde ou ce qu'il ne fut pas,
>La perte que son siècle a faite à son trépas,
>Ni comme, abandonnant la terre désolée,
>Son âme glorieuse au ciel s'en est allée,
>Nouvel astre, augmenter les feux du firmament :
>Ridicules discours, jargon de monument !
>Hélas ! maudit pécheur endurci dans son crime,
>De cent folles amours l'éternelle victime
>Et l'infâme jouet de mille vanités,
>Il n'eut de son vivant point d'autres qualités.
>O qu'heureux mille fois le ciel l'aurait fait naître
>S'il s'en fût corrigé comme il les sût connaître !
>Passe, va ton chemin, et t'assure aujourd'hui
>Que c'est prier pour toi que de prier pour lui.

SUR L'HABILLEMENT DE JEANNE D'ARC

Aux Anglais de son temps.

Lorsque cette jeune Pucelle
Pour nous remettre en liberté,
Avec tant de facilité
Vous chassait ainsi devant elle,
Ses armes cachaient ses habits.
C'était une simple bergère.
Anglais, qu'eussiez-vous pu moins faire
Si vous eussiez été brebis ?

3º MADELEINE PATRIX qui suit. Elle épousa le 17 mai 1544 JEAN RIBAULT, Sr du Mesnil-Saint-Jores, receveur général des décimes au diocèse de Bayeux, fils de Jean Ribault et d'Anne du Quesnay.

4º ANNE PATRIX. Elle épousa le 18 mars 1550 ROBERT GARIN, de Rouen.

L'hôtel Patrix existe encore aujourd'hui, il vient d'être complètement restauré ; il est situé rue de l'Oratoire, à Caen ; il fut vendu en 1653 par Pierre Patrix aux pères de l'Oratoire, qui l'ont occupé jusqu'à la Révoluion.

VI

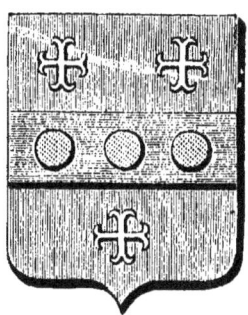

RIBAULT

De gueules à la fasce d'azur chargée de 3 besants d'or accompagné de 3 croix ancrées d'argent, 2 en chef et une en pointe.

MADELEINE PATRIX, fille de Etienne Patrix et de Jeanne le Fournier, épousa le 17 mai 1544 JEAN RIBAULT, Sr *du Mesnil St-Jores*, receveur des décimes au diocèse de Bayeux (*De la Roque. Traité de la noblesse*), fils de noble homme Jean Ribault Sr de Bosbénard-Commin et de Beauchamp, et de Annette ou Agnès du Quesnoy, d'une noble famille du Roumois. De ce mariage naquirent deux filles et un fils :

1° CHARLOTTE RIBAULT. Elle épousa THOMAS DE TROISMONTS, Sr de la Mare, conseiller au siège présidial de Caen, anobli à cause de la Pucelle d'Orléans.

On lit dans un manuscrit de la bibliothèque de la ville de Caen intitulé *Familles normandes*, au f° 29 :

« Charlotte Ribault descendait d'une Fournier, celle-ci d'une
« Villebresme, celle-ci d'une nièce de la pucelle d'Orléans. Ledit
« Thomas obtint un arrêt de noblesse de la cour des Aides en

« 1610 à cause de sa femme descendue d'un frère de la pucelle
« d'Orléans. »

Charles du Lis a recueilli les vers suivants, de Thomas de
Troismonts, sur les armoiries que le roi Charles VII donna à la
Pucelle et à sa famille. (Paris, in-quarto, 1628.)

> Pucelle, dont le bras sauva toute la France
> En domptant les efforts des superbes Anglois,
> Pouvais-tu désirer une autre récompense
> Que la couronne d'or et les lis de nos rois ?
> Ta lame vengeresse, aux ennemis fatale,
> Qui releva l'honneur et le sceptre françois
> Portera désormais la couronne royale
> Au milieu de deux lis. Nos rois n'en ont que trois.

2º ANTOINETTE RIBAULT qui suit. Elle naquit en 1549;
et épousa, le 17 décembre 1577, GUILLAUME BOURDON,
Sʳ de Roquereul, contrôleur général des finances de la généralité
de Caen, qui suit.

3º JEAN-BAPTISTE RIBAULT, marié avec MARIE MAI-
GNARD, fille de Charles Maignard, lieutenant général des eaux
et forêts.

D'où :

Charles Ribault, Sʳ du Mesnil-Ribault, à Hénouville, près
Rouen, qui fut reçu conseiller au parlement en 1631, marié en
1630 à Elisabeth des Hommets, fille de Jacques des Hommets,
Seignʳ de Guichainville.

VII

BOURDON

D'azur au bourdon de pèlerin d'or en pal, accosté de deux lions affrontés de même, armés et lampassés de gueules.

(On trouve ces armes écartelées avec celles de Jeanne d'Arc.)

ANTOINETTE RIBAULT épousa, par contrat de mariage en date du 17 décembre 1577, GUILLAUME BOURDON, écuyer, Sr de Roquereul, contrôleur des finances en la généralité de Caen, et mourut à l'âge de 91 ans en 1640 ; elle fut inhumée dans la chapelle de la Vierge à Verson.

Guillaume Bourdon appartenait à une vieille et honorable famille de Caen.

Le plus ancien membre de cette famille dont les actes nous révèlent le nom est Pierre Bourdon, bourgeois de Caen, qui vivait avant 1481.

Il laissa 4 fils :

1° PIERRE BOURDON, l'aîné.
2° GUILLAUME BOURDON.

3° PIERRE BOURDON, le jeune.

4° THOMASSIN BOURDON.

Après la mort de leur père, ils se partagèrent son héritage, le 27 juin 1481, ainsi qu'il suit :

Pierrre Bourdon eut une maison assise en la paroisse Saint-Pierre, où demeurait son père défunt ; Guillaume, une maison assise en la paroisse Saint-Jehan ; Pierre le jeune, une maison avec un jardin, assise en la paroisse Saint-Etienne ; et Thomassin, une maison située sur la paroisse Saint-Pierre de Caen, sur la rue.

Pierre Bourdon, le jeune, et Marie, sa femme, eurent pour enfants :

1° PERRINE BOURDON, qui épousa, par contrat de mariage en date du 2 octobre 1505, honorable homme PIERRE ROUSSEL, bourgeois de Caen.

2° CATHERINE BOURDON, qui épousa, par contrat de mariage en date du 15 juillet 1515, GUILLAUME ABELLIN. Elle épousa en seconde noces PIERRE LE BOURGEOIS.

3° MARGUERITE BOURDON, qui épousa, par contrat de mariage en date du 27 juin 1519, honnête homme JEAN GUEUTEVILLE, bourgeois de Caen.

4° JACQUES BOURDON, qui épousa H. MARION.

Jacques Bourdon, laissa 3 enfants :

1° PIERRE BOURDON, Sr de Roquereul.

2° CATHERINE BOURDON, qui épousa, par contrat de mariage en date du 25 mai 1537, JEAN FERRU, fils de Etienne Ferru.

3° JEAN BOURDON Sr de Tessel, qui épousa MARIE DE GAUCHY.

PIERRE BOURDON, Sr de Roquereul, échevin de Caen en 1560, épousa, par contrat de mariage en date du 14 février 1545, JEANNE DE LA BIGNE, fille de honnête homme Jean de la Bigne, bourgeois de Caen. Le 6 mai 1566, on voit figurer Pierre Bourdon comme témoin dans le contrat de mariage sous-seing entre Guillaume de la Bigne, écuyer, et honorable fille Marie Morin ; les autres témoins sont : nobles hommes Charles de Bourgueville, Sr de Bras, Jean Morin, Sr d'Escajeul, Pierre de Marne, Me Jean de la Bigne et demoiselle Marguerite de Bourgueville.

Pierre Bourdon, Sr de Roquereul, et Jeanne de la Bigne laissèrent 2 fils :

1° GUILLAUME BOURDON, Sr de Roquereul.

2° CHARLES BOURDON, homme d'armes de la compagnie de Beuvron (anobli par Henri IV au mois de janvier 1592).

GUILLAUME BOURDON, écuyer, Sr de Roquereul et ANTOINETTE RIBAULT, eurent pour enfants :

1° CHARLES BOURDON, écuyer, Sr de Roquereul et de la Rivière, conseiller au siège présidial de Caen, qui épousa, par contrat de mariage en date du 23 juin 1609, MARIE DE VENDES, fille de Nicolas de Vendes, Sr du lieu, avocat. Il mourut en 1664, à l'âge de 85 ans ; sa veuve, Marie de Vendes, mourut en 1666 à l'âge de 76 ans (1).

---

(1) Ils laissèrent 11 enfants : Nicolas Bourdon, écuyer, Sr de Roquereul, conseiller au siège présidial de Caen, qui épousa le 19 février 1651 Jeanne Ricouf, et mourut en octobre 1684. — Jean François Bourdon, écuyer Sr de la Rivière, baptisé à Saint-Pierre de Caen, le 20 octobre 1619. — Esther Bourdon qui épousa le 15 février 1649, Jean Huc, écuyer, Sr de Chalambert. — Catherine Bourdon, qui épousa le 18 septembre 1649 François Onfroy, fils de Jean-Baptiste Onfroy, conseiller du roy. — Augustin Bourdon, né en 1623. — Marie Bourdon, née en 1626. — Jacques Bourdon, né en 1628. — Thomas Bourdon, Sr de la Croix, qui eut pour fils Jean-Baptiste Bourdon, marié à Suzanne Potier ; d'où naquit Jean-Baptiste Alexandre Bourdon, conseiller enquesteur au présidial de Caen, qui épousa le 17 février 1749 Anne Buhot, fille de Nicolas Buhot, seigneur et patron de Buccès, et de Catherine Gosselin. — Marie Bourdon. — Marguerite Bourdon. — Gratienne Bourdon, baptisé à Saint-Pierre de Caen, le 3 avril 1632.

Nicolas Bourdon et Jeanne Ricouf eurent 6 enfants : Jean Bourdon, inhumé à Verson en 1667. — Marie-Madeleine Bourdon, qui épousa, le 9 mai 1697, Thomas de la Motte, écuyer, Sr de la Londe. — Esther Bourdon, morte en 1680. — Jacques Bourdon, mort en 1678. — Madeleine Bourdon, qui épousa, le 5 février 1676, Gilles Léonard, écuyer, Sr d'Acqueville. — Charles Bourdon, qui épousa, le 3 mai 1703, Marie-Geneviève Dupont, fille de Gilles Dupont, écuyer.

Jean François Bourdon, écuyer, Sr de la Rivière, épousa, le 1er octobre 1644, Anne Néel, fille de Pierre Néel, écuyer, Sr d'Anisy et de Cairon, et de Anne de Cairon. En 1662 il fut nommé capitaine de la compagnie des bourgeois de Caen, tirant au Papegay. Il fut inhumé à Verson le 14 septembre 1686. Il laissa 6 enfants : Jeanne Bourdon, née en 1647. — Augustin Bourdon, prêtre. — Jean-François Bourdon, né en 1659, qui épousa le 13 mai 1704, à Saint-Sauveur de Caen, Catherine Lioult, fille de Michel Lioult et de Elisabeth le Cavelier. — Marie Bourdon. — Laurent Norbert Bourdon, Sr de Tocqueville, inhumé dans l'église de Verson le 21 août 1700. — Charles Bourdon.

Jean François Bourdon et Catherine Lioult eurent 9 enfants : Jean-François-Thomas Bourdon, né en 1705. — Jeanne-Elisabeth François Bourdon, née le 9 juillet 1706, qui épousa, le 22 janvier 1731, Jean-Thomas Bourdon, écuyer, Sr de Préfossé, fils de Pierre Bourdon et de Marie Bourdon. — Marie-Anne-Catherine-Elisabeth, née en 1707

2° GUILLAUME BOURDON, écuyer, S^r DE PRÉFOSSÉ, qui suit.

3° ANNE BOURDON, qui épousa, le 3 juin 1601, PHILIPPE LE BOUCHER, écuyer, enquesteur pour le roy à Caen, fils de honorable homme Jean le Boucher, Sr de la Clôture, et de Guillemette Piquot.

4° MADELEINE BOURDON, qui épousa, en 1604, GILLES HALLOT, écuyer, Sr de Maisoncelles, fils de feu Michel Hallot et de Marie Barrey.

Le 20 mars 1622, parurent des lettres patentes portant enregistrement des lettres de noblesse accordées à Gilles Hallot « à cause « de sa femme Magdeleine Bourdon, fille de Guillaume Bourdon, « écuyer, Sr de Roquereul, et de Antoinette Ribault, issue de la « race de la Pucelle d'Orléans par sadite mère Antoinette Ri- « bault » ; d'où : Marie Hallot, baptisée à Saint-Pierre de Caen le 19 janvier 1606, nommée par demoiselle Marie du Quesney, femme de noble homme Vauquelin de la Fresnaye, lieutenant général de M. le Bailli de Caen, et le sieur de la Cousture, docteur et professeur à la faculté des droits de Caen et conseiller au siège présidial ; Jean François Hallot, écuyer, Sr de Martragny ; Pierre Hallot, baptisé à Saint-Pierre de Caen le 8 mai 1608, nommé par noble homme Guillaume Bourdon, Sr de Roquereul, assisté de Charlotte Ribault, femme de noble homme Thomas de Troismonts, conseiller au siège présidial de Caen.

5° MARGUERITE BOURDON, qui épousa, le 12 novembre 1618, noble homme JACQUES DE LA HAYE, S^r du lieu, fils de noble homme Abraham de la Haye, S^r du lieu et de la Vallée, et de Barbe Doisy.

6° MARIE BOURDON, mariée en 1609, à CHARLES DUPONT, écuyer.

— Jacques Laurens Bourdon, né en 1709, qui épousa Marie Michelle d'Aigneaux. — Louis André François Bourdon, né en 1711. — Catherine Constance Adélaïde de Bourdon, née en 1714. •
Jacques Laurens Bourdon, écuyer, Sr de Verson, et Marie Michelle d'Aigneaux eurent 5 enfants : Marie-Guillemette-Jacqueline, née en avril 1742. — Jean-François Bourdon, né en 1745. — Marie-Catherine Bourdon née en 1746. — Marie-Anne-Catherine Bourdon, née en 1748. — Laurent-Jacques-Jean Bourdon, prêtre.

Le D`r` Cahaigne fait ainsi l'éloge de la famille Bourdon :

« C'est à la nature et à nous-mêmes que nous sommes redeva-
« bles de devenir tel ou tel citoyen. Les différences dans les carac-
« tères et dans les inclinations offrent bien des nuances, et le pen-
« chant qui nous pousse à embrasser un genre de vie plutôt qu'un
« autre, varie pour chaque individu. Parmi les hommes, les uns
« s'adonnent à la pratique de choses saintes, au gouvernement des
« cités, au négoce, aux arts mécaniques en vue du bien de tous ;
« d'autres, occupés seulement de leurs propres intérêts, passent
« tranquillement leur existence au milieu des richesses provenant
« soit de leur patrimoine, soit du fruit de leur travail. Utiles néan-
« moins à la société, ils aident la cité de leurs largesses ou de
« leurs conseils lorsque l'occasion s'en présente. Parmi ces der-
« niers, il faut ranger Pierre Bourdon ; entouré de considération,
« il chercha une vie tranquille et exempte de soucis. Il donna
« deux fils à notre ville ; après avoir fait son éducation dans les
« Universités, l'aîné commença par être enquesteur ; dans la suite,
« il fut contrôleur général des finances à Caen. Homme enjoué et
« plein de saillies de bon aloi, il a l'intelligence des affaires, et ce
« qui est l'indice d'un esprit égal et ferme, il conserve toujours le
« même visage, la même physionomie, quelles que soient les nou-
« velles qu'on lui apporte, tristes ou gaies. Mon cher Guillaume,
« reçois cet éloge que je destinais à ton père ; garde toujours dans
« ton cœur cette amitié qui nous unit dès nos plus jeunes années. »
(Eloge 16.)

VIII

GUILLAUME BOURDON, écuyer, Sr de Préfossé, épousa, le 20 septembre 1622, JEANNE DU BUISSON DE COURSON, fille de Pierre du Buisson, Seigneur de Courson, et de dame Elisabéth Baudouyn, laquelle était fille de Jean Baudouyn, Sr de Saint-Sébastien de Préaux, du Fay et de la Chapelle Gautier, chambellan de Henri III.

Jeanne du Buisson de Courson, baptisée en l'église Saint-Pierre de Caen, le 17 octobre 1598, et nommée par Messire Pierre Roger, S^r de de Sorteval, et noble dame Jeanne le Pelé de Vaubesnard, fut inhumée à Verson, le 31 mars 1663. Ils eurent pour enfants :

1° PIERRE BOURDON, baptisé à Saint-Pierre de Caen le 13 janvier 1625. Il épousa MARIE BOURDON, fille de Jean François Bourdon, écuyer, Sr de la Rivière, et de Anne Néel. Il mourut en 1713, à l'âge de 87 ans, et Marie Bourdon en février 1742, à l'âge de 81 ans.

2° CLAUDE BOURDON, écuyer, Sr de Gramont, conseiller au siège présidial de Caen, né en 1626, épousa, le 25 février 1664, LAURENCE QUYRIÉ, fille de feu noble homme Thomas QUYRIÉ, S^r des Vallées, et de Jacqueline le Baron, en présence de Daniel Kirié, D^{elle} Catherine Kyrié, veuve du feu Sr Gauldin, Pierre Bourdon, Sr de Verson, frère dudit Claude (1).

---

(1) Ils eurent 5 enfants : Claude Jessé Bourdon, écuyer, Sr de Gruchy et de Brouay, qui épousa Marie Daumesnil, et fut inhumé, le 16 novembre 1720, dans le chœur de l'église de Brouay. — Thomas Bourdon, baptisé le 12 avril 1669. — Augustin Bourdon, Sr de Gramont. — Anne Bourdon, baptisée le 21 août 1671, à Saint-Pierre de Caen. — Charles Daniel Bourdon, né en 1673.

Devenu veuf de Laurence Quirié, Claude Bourdon épousa en secondes noces, à Saint-Sauveur de Caen, le 5 février 1679, Jeanne Thiment.

Claude Jessé Bourdon, écuyer, Sr de Gruchy, et Marie Daumesnil eurent 8 en-

3° THOMAS BOURDON, écuyer, S^r des Jumeaux, qui suit, il épousa, le 10 décembre 1653, MARIE ANGOT, fille de Jean Angot, conseiller du roy, examinateur au siège présidial de Caen.

4° GUILLAUME BOURDON, écuyer, Sr de la Londe ; il

fants : Claude Bourdon, écuyer, seigneur et patron de Brouay, Cristot et Fontenay-le-Pesnel, mort sans postérité. — Marie Anne Bourdon, qui épousa, le 27 novembre 1720, Jacques Gaultier, Sr de la Motte, seigneur et patron de Fontenay-le-Pesnel, fils de Jacques Gaultier, écuyer, S^r des Chaussées, et de Yolette le Valois ; elle épousa en secondes noces Louis Malfilâtre, procureur au parlement de Rouen ; d'où une fille Louise, qui épousa, le 28 septembre 1750, Abraham-Charles-Claude le Boucher d'Emiéville. — Marie Gabrielle Bourdon, morte en 1778. — Marie Catherine, née en 1696. — Claude Bourdon, né en 1697. — Gaspard Jessé Bourdon, né en 1698. — Thomas Bourdon, né en 1699. — Catherine, née en 1701.

Augustin Bourdon, écuyer, Sr de Gramont, conseiller au présidial de Caen, épousa le 14 juin 1696, Anne des Essarts, fille de Pierre des Essarts, écuyer, seigneur et patron de Montfiquet, et de Marie Dubourg. Ils eurent 4 enfants : Constance-Adélaïde Bourdon, née en 1697. — Jeanne Antoinette Bourdon, baptisée à Saint-Sauveur de Caen le 4 juin 1698 ; elle épousa, en 1733 Jean-Jacques de Thoury, écuyer, seigneur d'Estry, fils de Pierre de Thoury et de Jacqueline des Essarts. — François-Auguste Bourdon, baptisé le 17 janvier 1700, à Saint-Sauveur. — Augustin-Jean-Claude Bourdon, né en 1702.

François-Auguste Bourdon de Gramont épousa, en février 1738, Thérèse Daumesnil, fille de Gaspard Daumesnil, écuyer, et de Thérèse Boudin. Il devint capitaine au régiment de Berry et chevalier de Saint-Louis, et mourut en 1782. Ils eurent 11 enfants : Gaspard-Anne-Auguste Bourdon de Gramont, né en 1739. — Exupère-Pierre-Auguste Bourdon de Gramont, né en 1740. — Claude-Augustin Bourdon de Gramont, né en 1744, lequel eut 2 enfants : Gabriel-Etienne, élève de Marine de 1re classe, fusillé à Quiberon en 1795, et une fille, qui épousa Augustin Lancelot, vicomte de Quatrebarbes. — Thérèse Bourdon de Gramont, morte en 1745. — Guillaume Bourdon de Gramont, mort en 1746. — Guillaume Bourdon de Gramont, baptisé le 7 octobre 1747. — Anne-Marie-Thérèse Bourdon de Gramont. — Thérèse Bourdon de Gramont, qui épousa, le 10 mai 1785, à Saint-Sauveur de Caen, Pierre-Jacques-Maurice de Cornet, chevalier, seigneur et patron de Saint-Martin, officier au régiment royal des vaisseaux. — Jean-Thomas-Auguste Bourdon de Gramont, né en 1752, lieutenant au régiment de Beauvoisy infanterie, chevalier de Saint-Lazare, inhumé en 1780, en la paroisse de la Conception de l'Isle-Rousse en Corse. — Charles-François-Auguste Bourdon de Gramont *du Lys*, qui épousa, le 17 février 1783, Jeanne-Catherine-Aimée Daniel du Breuil, fille de Henri-Jacques-François-Aimé Daniel du Breuil, chevalier, seigneur et patron de Grangues et du Breuil, et de Jacqueline-Anne-Françoise Deschamps Guillot. — Madeleine-Augustine Bourdon de Gramont, née en 1753, qui épousa Messire Hébert, seigneur et patron de la Vacquerie.

Pierre-Exupère-Auguste Bourdon épousa en premières noces Anne-Auguste Marchais, et en secondes noces, le 17 avril 1798, Césarie Piquot de Magny. Il eut 4 enfants : Agatis-Jean-Auguste, mort le 24 avril 1811. — Césarie-Cécile, née en février an X. — Adèle Rose, qui épousa Emmanuel de Bonnechose de Vaudecourt, qui, devenu veuf, épousa Louise Marcelline de Parfouru. — Ernest Bourdon de Gramont, gouverneur du Sénégal, né le 25 floréal an XIII, qui épousa, le 16 décembre 1833, Victoire-Charlotte-Hermandine de Scorailles-Langeac ; d'où : Bathilde morte à Paris en 1874, et Roger, marié en octobre 1864, à Paris, avec Mlle Stéphanie-Marie-Joséphine-Gaétane de Saint-Chamans.

épousa, par contrat de mariage en date du 11 juillet 1662, MARIE POTIER, veuve de Gaspard du Vernay, écuyer, Sr du Rozel.

5º CHARLOTTE BOURDON, qui épousa, le 31 mars 1656, JEAN-FRANÇOIS HALLOT, Sr de Martragny, avocat du roy au siège présidial de Caen, anobli à cause de sa femme, descendante du frère de la Pucelle d'Orléans, et de sa mère Madeleine Bourdon, femme de Gilles Hallot.

IX

THOMAS BOURDON, écuyer, S^r des Jumeaux, et MARIE ANGOT, eurent pour enfants :

1° ELISABETH BOURDON, baptisée le 1er novembre 1655, nommée par Anne du Buisson.

2° CLAUDE BOURDON.

3° GUILLAUME BOURDON, baptisé le 1er octobre 1662, nommé par Claude et Elisabeth Bourdon, enfant dudit Thomas.

4° LAURENCE BOURDON, baptisée le 20 décembre 1665, à Saint-Sauveur de Caen, nommée par Laurence QUIRIÉ, femme de M. de Gramont Bourdon, conseiller au présidial de Caen, et Claude Dupont, docteur en médecine.

5° NICOLAS BOURDON, né le 11 février 1670.

6° MACÉ ou THOMAS BOURDON, baptisé le 11 novembre 1672, en la paroisse de Saint-Martin du Rozel, qui suit.

X

MACÉ BOURDON, écuyer, Sr de Beuville, épousa CATHERINE PERRARD.

Ils eurent 5 enfants :

1° PIERRE BOURDON, Sr de la Harie.

2° ROGER BOURDON.

3° GUILLAUME BOURDON, lieutenant général au bailliage de Condé.

4° ANNE TUGALE BOURDON, qui suit. Elle épousa, en premières noces, le 2 juillet 1716, JEAN BOUTRY, Sr du Manoir, fils de Pierre Boutry, Sr du Manoir, et de Anne Bellanger. Elle épousa en secondes noces PIERRE DE SAINT-GERMAIN, Sr de Saint-Vigor, et mourut à Condé, le 4 août 1763.

5° MARIE-ANNE BOURDON, qui épousa, le 15 septembre 1725, JEAN-BAPTISTE LE FOURNIER, Sr de Condé, fils de Jacob le Fournier, Sr de Granclos.

XI

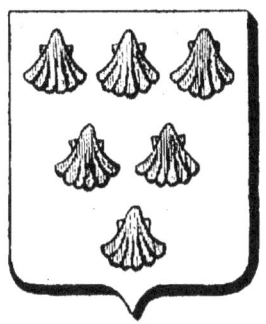

BOUTRY DU MANOIR
D'argent à 6 coquilles de gueules.

LE HARDY
de gueules au chevron d'or accompagné de 4 lionceaux d'argent affrontés 2 en chef et 2 en pointe.

Du mariage de ANNE TUGALE BOURDON et de JEAN BOUTRY DU MANOIR naquirent :

1° GUILLAUME BOUTRY DU MANOIR, baptisé le dernier jour de juin 1718, nommé par Guillaume Bourdon lieutenant général du bailli de Condé, et Catherine Perrard.

Il épousa, le 14 mai 1739, JACQUELINE BRUNET, en présence de Michel Vauloger de Beaupré et Jacques Leclerc de Beaucoudray, d'où :

a. LOUIS GUILLAUME BOUTRY, Sr du Manoir, bisaïeul de M. Eugène le Hardy, docteur en médecine, de M. Gaston le Hardy, docteur en droit, ancien zouave pontifical, chevalier de l'ordre du St-Sépulcre, et de D^{lle} Mathilde le Hardy, mariée à M. Louis Guillouard, avocat, professeur à la faculté de droit de Caen, commandeur de Saint-Grégoire le Grand.

b. GUILLAUME CHARLES BOUTRY, Sr de Montville, prêtre eudiste, mort curé de Saint-Germain du Crioult.

c. GUILLAUME BOUTRY.

d. MARIE JACQUELINE BOUTRY.

e. ADRIENNE BOUTRY.

f. MARIE ESTHER BOUTRY, mariée à RENÉ-FRANÇOIS DE PREPETIT; d'où : François, Louise et Françoise de Prepetit.

2° PIERRE BOUTRY, Sr de Hausemaine.

3° JACQUES BOUTRY, S^r d'Etanville.

4° CHARLES BOUTRY, Sr du Clos, volontaire au régiment d'Harcourt.

5° JEAN BOUTRY, S^r d'Arclais, garde du corps du roy.

6° FRANÇOISE BOUTRY, morte sans alliance.

7° MARIE BOUTRY, qui suit.

8° ADRIENNE BOUTRY, mariée à PIERRE BUOT-DUCLOS.

9° ANNE BOUTRY.

XII

DORENLOT DE LA CARTERÉE
D'azur à l'Agnus Dei d'argent accompagné de trois étoiles d'or, 2 et 1.

MARIE BOUTRY DU MANOIR épousa, le 12 mai 1736, JEAN DORENLOT DE LA CARTERÉE, écuyer, conseiller et secrétaire du Roy, fils de Pierre, conseiller et procureur du roi au bailliage de Condé, anobli par lettres patentes du 12 novembre 1732, et de Barbe de Bourbel ; d'où une fille qui suit.

XIII

VAULOGÉ DE BEAUPRÉ

D'argent à deux chevrons jumelés, de sable accompagnés de 5 merlettes de même 2 en chef, 2 en fasce et 1 en pointe.

MARIE-ADRIENNE DORENLOT DE LA CARTERÉE épousa, le 25 mai 1771, LOUIS VAULOGÉ DE BEAUPRÉ, fils de Jean et de Anne-Renée Robline Desrivières (laquelle était fille de Jacques Robline Desrivières, ancien garde du corps du roi, lui-même né de Jean, conseiller du roi, lieutenant général du bailliage de Caligny, et de Jeanne Halbout de la Mazure, petite-nièce de Jeanne d'Arc par les Halbout, Poret, Radulph et le Fournier de Tournebu). Ils eurent un fils : Louis-Jules, qui suit.

Louis Vaulogé de Beaupré eut plusieurs frères et sœurs.

Un de ses frères, *Pierre*, dit de *Plainville*, votant le 16 mars 1789 avec la noblesse du bailliage de Bernay, à cause de son fief, épousa, le 6 juin 1775, noble demoiselle MARIE-CATHERINE BOUR-

BON DU LYS, petite-nièce de Jeanne d'Arc et fille de Jacques, écuyer, S' de Roquereuil, et de Marie-Michelle d'Aigneaux ; d'où une fille unique, Adélaïde-Jeanne-Catherine Vaulogé de Plainville, qui épousa, en 1798, JEAN-BAPTISTE DEMORIEUX.

Une sœur de Louis Vaulogé de Beaupré, Anne Jacqueline, épousa, le 9 février 1771, GUILLAUME BOUTRY DU MANOIR, conseiller du roy, avocat au bailliage de Condé, député du département du Calvados à l'Assemblée législative.

XIV

LOUIS-JULES VAULOGÉ DE BEAUPRÉ, né le 19 novembre 1779, épousa, par contrat du 1ᵉʳ ventôse an XIII, FRANÇOISE-MARIE LE FAULCONNIER, fille de Pierre le Faulconnier et de Marie Luzeau de la Marinière; d'où un fils qui suit.

XV

LÉON-JULES VAULOGÉ DE BEAUPRÉ, né le 9 frimaire an XIV, conseiller à la cour de Caen, chevalier de la Légion d'honneur, épousa, le 18 avril 1831, MARIE-AMENAIDE HOBEY, fille de Julien Hobey et de Marie-Jeanne-Euphrasie Rousselin, sœur de Marcel Rousselin.

Marcel Rousselin, premier président de la cour de Caen, pair de France et commandeur de la Légion d'honneur, était fils de Pierre-François Rousselin, président du tribunal civil de Caen et de Marie du Bisson (mariés en 1786), et Pierre Rousselin était lui-même fils de Pierre Rousselin, officier d'infanterie et de Marguerite Césire. M. du Bisson, ancien conseiller à la cour d'Appel de Caen, mort il y a peu d'années, appartenait à cette famille.

Le premier président Rousselin a été inhumé dans le cimetière de Bully, sur les bords de l'Orne, au pied même de son château, qui est la propriété actuelle de son petit-neveu, Gabriel Hobey, fils de M. Alfred Hobey, ancien conseiller à la cour d'appel de Caen, chevalier de la Légion d'honneur.

Léon-Jules Vaulogé de Beaupré et Marie-Aménénaïde Hobey eurent 2 enfants :

1° PAUL VAULOGÉ DE BEAUPRÉ, ancien procureur général à la Cour de Rouen, chevalier de la Légion d'honneur, commandeur du Nicham, officier de la Couronne d'Italie, récemment décédé, qui épousa demoiselle MATHILDE CHESNEL, fille de M. Chesnel, juge au tribunal civil d'Alençon; d'où trois enfants : Marcel, lieutenant au 144e de ligne, René, avocat à la Cour d'appel de Bordeaux et Jeanne.

2° AMÉLIE VAULOGÉ DE BEAUPRÉ.

XVI

CAREL
D'hermines à 3 carreaux d'azur.

AMÉLIE VAULOGÉ DE BEAUPRÉ, épousa à Caen en 1856 ALEXANDRE CAREL, avocat, professeur à la faculté de Droit de Caen, chevalier de la Légion d'honneur, commandeur de Saint-Grégoire-le-Grand, fils de Pierre Alexandre Carel, chef d'escadron de cuirassiers, officier de la Légion d'honneur, et de Paule Perrée (1).

(1) PIERRE-ALEXANDRE CAREL entra le 16 février 1806 dans les vélites grenadiers à cheval de la garde impériale. Après six mois passés à l'école de Versailles il rejoignit avec son régiment la grande armée.
Il prit part aux batailles d'Iéna, d'Eylau, de Friedland, et fut nommé sous-lieutenant dans le 3ᵉ régiment de cuirassiers. A la 2ᵉ campagne d'Autriche, en 1809, il prit part aux batailles d'Abingsberg, Eckmuhl, Ratisbonne ; il appartenait à la division Nansouty qui rejeta la cavalerie ennemie au delà du Danube. Il fut nommé lieutenant le 14 mai 1809, après la bataille d'Essling. Il faisait partie de la ligne de cuirassiers qui resta toute la soirée sous le feu de l'ennemi. Tous les officiers de son régiment furent tués ou blessés, sauf trois ; il était l'un d'eux, encore eut-il un cheval tué sous lui par une boîte de mitraille. La même année, il prit part à la bataille de Wagram dans la fameuse attaque du général Macdonald. Après la paix de Schœnbrunn, il resta en Allemagne les deux années de 1810 et 1811.
En 1812, il fit la campagne de Russie ; il faisait partie de l'avant-garde sous les

De ce mariage sont nés huit enfants :

1° MARIE-PAULE-AMÉLIE CAREL, née à Caen le 18 août 1857, mariée le 5 août 1879 à MARIE-ERNEST-PROSPER RIBARD ; d'où :

a. MARIE-EDITH RIBARD, née le 30 mars 1881 à l'abbaye de St-André de Fontenay près Caen.

b. JOSEPH-GABRIEL-NICOLAS RIBARD, né le 23 mai 1884, à Caen.

---

ordres de Murat. Il assista aux combats de Mohilev, Ostrowno, Witepks, Krasnoï, à la bataille et prise de Smolensk ; il fut nommé capitaine sur ce dernier champ de bataille, le 12 août.

Après avoir combattu à la Moscowa, il traversa Moscou, et son corps d'armée s'avança jusqu'à Waladimir à quinze lieues au delà. Dans la retraite, il eut les pieds et les mains gelés, et fut sauvé par les soins d'un paysan russe qui le recueillit dans sa chaumière. Il passa la Bérésina avec les débris de l'armée ; cinq seulement de son régiment, lui compris, survivaient. En 1813, il fit la campagne de Saxe. A la bataille de Lutzen, il reçut un coup de sabre à la main ; ce qui ne l'empêcha pas de prendre part aux batailles de Bautzen et de Leipsik. A la défection des Bavarois, il fit prisonniers deux mille hommes, un prince bavarois et un général, qu'il fit conduire à l'empereur par son lieutenant. Le 11 décembre 1813, il fut proclamé chevalier de la Légion d'honneur et reçut l'accolade sous le boulet. Il fit la campagne de 1814. Il était à Brienne, Champaubert, Montmirail, Craone, Laon. Dans cette campagne, il fut blessé d'une balle au pied. Après la reddition de Paris, son régiment revint en Normandie, d'où il repartit pour la campagne de 1815. Il prit part au combat de Ligny, à la bataille de Mont-Saint-Jean et Waterloo. A Mont-Saint-Jean, il eut l'épaule gauche traversée d'une balle, et tua le soldat écossais qui avait tiré sur lui à bout portant.

En 1815, il fut licencié à Poitiers. Il reprit du service en 1830 dans le 1er régiment de cuirassiers.

En 1831, il fut nommé chef d'escadron, demanda à commander un dépôt de remonte. La nouvelle de la campagne de Belgique changea ses projets, et voici ce qu'il écrivit à son général :

« ... J'ai pensé qu'il était de l'honneur d'un vieux soldat de ne pas rester dans un dépôt quand il fallait marcher à l'ennemi. »

Et voici à quels titres il réclamait cet honneur :

« Mon général, le 16 du mois prochain j'aurai vingt-sept ans de service, dix campagnes sous l'Empire, où je me suis trouvé dans quatorze batailles rangées ; ma santé est délabrée par les bivacs de 1812 et de 1814. Je compte sur votre justice et votre bonté pour me faire entrer en campagne. »

Et après cette dernière campagne, il fut nommé officier de la Légion d'honneur et décoré de la main du roi Louis-Philippe, qui lui dit : « Commandant, je suis heureux de récompenser vos anciens services. »

Il demanda sa retraite en 1836.

Quand il sentit venir la mort, il demanda à ceux qui étaient près de lui de le lever : « Je ne veux pas, dit-il, mourir sur la paille comme un pékin. » On le leva et il mourut debout, enveloppé dans son manteau de la retraite de Russie.

UNE DESCENDANCE NORMANDE DE PIERRE D'ARC

c. GERMAINE-MARIE-PAULE RIBARD, née à Caen le 23 mai 1886.

d. ROBERT RIBARD, né le 2 avril 1890.

La famille Ribard *porte d'argent à une ancre de sable au chef de gueules chargé de 3 roses d'or.*

2° PIERRE-MARCEL-ALEXANDRE CAREL, avocat à la cour d'appel de Lyon, né à Caen le 19 août 1858, marié à COLOMBE GARNIER (de Lyon).

3° THÉRÈSE-PAULE-MARIE CAREL, née à Caen le 5 septembre 1859, mariée le 5 septembre 1882 à CHARLES-BARTHÉLEMY-TONY GENTY, avocat.

D'où :

a. ROBERT-ALEXANDRE-TONY GENTY, né le 5 janvier 1885.

b. ÉTIENNE GENTY, mort en bas âge.

c et d. PAULE et ANDRÉE GENTY, sœurs jumelles, nées le 2 décembre 1890.

4° MARTHE-MARIE-MARGUERITE CAREL, née à Caen le 26 novembre 1860, religieuse du Sacré-Cœur.

5° PAUL-ALEXANDRE CAREL, né à Caen, mort à l'âge de 8 ans.

6° MADELEINE-MARIE-MATHILDE CAREL, née à Caen le 26 novembre 1863, mariée le 8 juillet 1884 à RAYMOND-CHARLES-ALEXANDRE PARIS ; d'où :

a. MARTHE-MARIE-LUCILE PARIS, née à Caen le 30 may 1885.

b. JACQUES PARIS.

7° JEAN-FRANÇOIS-LOUIS-ALEXANDRE CAREL, né à Caen le 1er novembre 1870, engagé au 3e chasseurs à cheval.

8° FRANÇOIS-LÉON-ALEXANDRE CAREL, né le 14 juillet 1873.

www.ingramcontent.com/pod-product-compliance
Lightning Source LLC
Chambersburg PA
CBHW060457050426
42451CB00009B/697